AF260301

LES
JOUJOUX

DE

M. COBDEN

PAR

A. GRANDGUILLOT

PARIS

GRANDE LIBRAIRIE

AUGUSTE PANIS, LIBRAIRE-ÉDITEUR

RUE LAFAYETTE, 52.

PARIS. — TYPOGRAPHIE ALCAN-LÉVY, BOULEV. DE CLICHY, 62.

LES JOUJOUX

DE

M. COBDEN

I

TROUBLES DE BORDEAUX, DE TOULOUSE, DE MONTAUBAN ET DE QUELQUES AUTRES LIEUX. — LEUR ORIGINE ET LEUR PORTÉE. — ÉMEUTES D'ENFANTS OU ÉMEUTES D'HOMMES ?

Quelle est la cause vraie des troubles qui viennent d'attrister si profondément les villes de Bordeaux, de Toulouse, de Montauban et de quelques autres lieux ?

Quel est leur caractère politique ; quelle est leur portée nationale ?

En d'autres termes, que signifient au juste ces émeutes de conscrits, qui se présentent en mutins aux portes des

Conseils de révision pour la Garde nationale mobile, et qui, on l'affirme, ne les franchissent que de force ?

— « Rien, oh ! presque rien, répondent les uns. C'est la dernière et bruyante escapade de quelques grands garçons qui, ayant rencontré mauvaise compagnie sur la route, ont eu le malheur de prêter l'oreille à des excitations pitoyables ; de faire, par suite, tapage à travers les rues, et, finalement, de rosser le guet. Mais, la preuve que ces débauches de carnaval, en plein carême, n'ont aucune signification politique, — dans le sens du moins que l'on prête d'ordinaire à ce mot, — c'est que parmi les nombreuses arrestations qui ont suivi, les repris de justice figurent dans la proportion de « sept sur douze. » Or, quel parti politique est descendu jamais à prendre à sa solde et à reconnaître pour siens des escrocs et des souteneurs de filles ? »

— « Eh, eh ! répliquent les autres, *sept sur douze*, c'est votre compte ; mais ce n'est point celui de bien des gens, qui ont vu de près les rassemblements et de Bordeaux, et de Toulouse, et de Montauban, et d'ailleurs. Ces gens-là racontent que les bandes qui ont fait le sac de l'hôtel du Maire, à Toulouse, et qui ont lapidé la statue de l'Empereur Napoléon III, à Bordeaux, s'élevaient à quinze et vingt mille jeunes hommes. Si « la majeure partie de « ceux qui sont restés entre vos mains appartiennent à « cette partie de la société qui n'est classée que sur les « bancs de la police correctionnelle et de la cour d'as- « sises (1), » c'est que vous avez jugé prudent d'écarter beaucoup les doigts et de laisser échapper tous ceux dont la fortune, la famille ou les relations eussent donné à ces

____

(1) Paroles de M. Fortier-Maire, substitut du procureur impérial à Bordeaux.

échauffourées une importance qu'il vous convenait d'amoindrir. A aucun prix, vous ne voulez avouer que le sentiment public, dans les villes comme dans les campagnes, repousse la nouvelle loi militaire, et que les populations, en dehors de toute excitation politique, n'hésitent plus à se soustraire, même par la révolte, aux enrôlements du *militarisme impérial*. Mais la France libérale, la France intelligente ne s'y trompe pas, et, où vous ne découvrez à grand'peine que des émeutes d'enfants, elle voit des émeutes d'hommes. »

II

ÉMEUTES D'HOMMES.

Serait-ce donc vrai ? La France, surmenée, ennuyée, lasse de ceux qui la dirigent et lasse d'elle-même, trouverait-elle trop lourd le sacrifice récent que l'on a demandé à son patriotisme ? ou bien traverserait-elle de nouveau, par malheur, une de ces heures critiques où les peuples se complaisent à entendre longuement parler de leur droits et très peu de leurs devoirs ?

A Paris, quelques-uns le croient sans oser le dire ; à Londres, quelques-uns le disent sans oser le croire. Ces quelques-uns, paraît-il, se sont mis d'accord sur un point : c'est qu'il y avait opportunité pour eux à donner signe de vie, *à faire quelque chose*. « Un parti d'action,
« qui ne fait pas quelque chose au moins tous les dix ans,
« n'est plus un parti d'action, » écrivait un jour Mazzini.
Et comme on lui reprochait, malgré cela, d'avoir fait tuer inutilement, à Milan, deux cents hommes dans une émeute

sans issue possible: « Je savais bien d'avance, répondit-
« il, que je ne réussirais pas; mais ces deux cents morts
« m'ont permis de compter les vivants qui nous restent. »

Ainsi de ce qui vient de se passer parmi nous. Ce
n'est pas seulement à Bordeaux, à Toulouse, à Montauban
qu'on a eu à constater une sorte d'agitation à propos des
Conseils de révision de la Garde nationale, c'est un peu
partout dans le Midi, et même en quelques endroits du
Nord. Or, il est suffisamment prouvé que le mot d'ordre
de ce mouvement général est venu à la fois, après concert
préalable, du comité révolutionnaire de Paris et du comité
révolutionnaire de Londres. Ces deux comités comptaient-
ils donc sur un succès tant soit peu décisif? Non, mais
ils ont cru qu'il leur importait de faire le dénombrement
des leurs et de passer en revue, pour ainsi dire, les forces
éventuelles dont ils pourraient disposer, un jour de sur-
prise, sur les différents points du territoire. A cette revue
il fallait une occasion, un prétexte. Ils ont jugé que
l'occasion ne serait jamais meilleure que celle de la loi
militaire, et, depuis plusieurs mois déjà, leurs émissaires
parcouraient la France dans ce but.

Si tout cela est incontestable, comme on le prétend,
c'est déjà à tort, selon nous, que les journaux du gouvernement ont affecté de cacher la gravité sociale d'une
pareille situation.

Autre tort: pourquoi, dans la foule, en pleine émeute,
n'avoir aperçu que des repris de justice. des escrocs, des
vagabonds ou des souteneurs de prostituées? Ils étaient au
premier rang des meneurs, soit ! Mais ces étranges chefs
évidemment avaient derrière eux, devant eux, autour
d'eux, de véritables armées. Et c'était la composition de
ces armées, dégagées de leur élément impur, qu'il fallait

résolûment nous faire connaître. Besogne déplorable, sans aucun doute ; mais besogne utile, celle-là !

On nous dit bien que le parti révolutionnaire, en définitive, en a été pour ses frais, et qu'il n'a réussi, nulle part, à faire échec à la dynastie ; qu'à Bordeaux le drapeau rouge à peine levé a été rejeté dans la boue ; que les cris de « *Vive la République* » ont été sifflés à Toulouse ; et qu'à Montauban les jeunes conscrits, qui entonnaient la *Marseillaise*, n'en savaient même pas le premier couplet.

Mais que nous importe, en vérité, que l'on chante la *Marseillaise* ? Qu'on la chante donc tant que l'on voudra, pourvu qu'on ne la hurle pas. Misérable et sublime *Marseillaise* ! Autrefois, d'un hymne de patriotisme on en fit un refrain de guillotine ; et voilà qu'aujourd'hui, d'un cri de champ de bataille, on menace d'en faire un écho de lupanar !

Que nous importe, — et qu'importe à l'Empereur tout le premier, — que l'on n'ait point fait échec à sa dynastie, si l'on a réussi, — chose autrement désastreuse, — à faire échec à la France !

Eh bien ! ce dernier échec existe-t-il, oui ou non ? Il existe et résulte, non point d'une émeute d'enfants, mais d'une émeute d'hommes.

III

LE MARÉCHAL NIEL, AU CORPS LÉGISLATIF ; L'AMIRAL
BOUET-WILLAUMEZ, AU SÉNAT.

Ici, nous entrons dans le vif et le douloureux de la question.

Quelle était la situation exacte, réelle, avouée du pays,

lors de la présentation du projet de loi sur la Garde nationale mobile?

Et quelle est, présentement plus que jamais, cette situation?

Là-dessus, pas de méprise, pas de malentendu possible! Le maréchal Niel, à la tribune du Corps législatif; l'amiral Bouet-Willaumez, à la tribune du Sénat, ont tour à tour multiplié les déclarations de principe et les explications de circonstance. Ils ont dit, répété, démontré que, dans l'état actuel de l'Europe, la France, sous peine de déchoir, devait faire appel au dévouement de tous ses enfants ; que son ancien état militaire était devenu insuffisant ; que c'était par suite de cette insuffisance que nous avions dû nous arrêter après Solferino, et que nous n'avions point pesé de tout le poids qui devait nous appartenir après Sadowa. Ils ont dit, répété, démontré que devant les éventualités de l'avenir, et d'un avenir prochain, il nous fallait être prêts et être prêts sur une formidable échelle.

Sourds de parti pris et véritablement inguérissables ceux dont les oreilles n'ont point voulu s'ouvrir à un pareil langage !

IV

LE SENTIMENT PUBLIC, SON ÉNERGIE.

On allègue cependant que si le gouvernement de l'Empereur avait parlé avec plus de clarté, mieux précisé le danger national auquel il entendait faire face, et appuyé la nouvelle loi militaire sur des besoins transitoires, au lieu de la baser sur des besoins permanents, pas une voix, pas un vote, pas un bras ne lui auraient manqué.

Singulier reproche, honnête et placide illusion ! Mais il ne s'est jamais agi, en ces sérieuses conjonctures, d'aviser à quoi que ce fut de transitoire, soit comme défense, soit comme attaque. Rien de semblable. Notre nouvelle loi militaire a dû, comme les circonstances qui la hâtaient, s'affirmer permanente et définitive.

Et quelles circonstances ! Est-ce que le sentiment public, achevant ce que les déclarations gouvernementales avaient de réservé et de nécessairement diplomatique, n'a point, par un mouvement instinctif et universel, entrevu et défini les causes d'une lutte à peu près inévitable ? Personne chez nous qui, depuis des mois, ne calcule les nécessités et les chances d'une collision européenne. Personne qui ne se soit rendu compte des côtés menaçants de la question d'Orient, pour ne parler que de cette question-là. Personne qui n'ait suivi avec une anxiété patriotique les bruits d'alliance et de solidarité fatale entre la Russie et la Prusse. Personne qui n'ait les yeux fixés sur le Zuyderzée et le Bosphore, ces deux buts extrêmes d'une invasion complice. Personne, en un mot, qui ne regarde comme imminente une de ces crises redoutables qui décident non plus seulement d'un peuple, mais d'une civilisation.

<h2 style="text-align:center">V</h2>

LES JOUJOUX DE M. COBDEN. — CHEVALIERS DE LA QUENOUILLE ET CHEVALIERS DE LA CAROTTE

Et c'est dans un pareil moment qu'éclatent les tristes scènes de Toulouse, de Bordeaux et de Montauban ; c'est dans un pareil moment que le patriotisme français donne à l'Europe attentive et moqueuse le lamentable spectacle que l'on sait!

De grâce, laissons de côté les faits et gestes de ces meneurs qui, dans les émeutes de la rue, on ne l'ignore pas, obéissent à qui les recrute et à qui les paie. Là n'est pas le danger, là n'est pas du moins le côté navrant de la question ; il est exclusivement du côté des menés, du côté de ces jeunes hommes, demain électeurs, qui semblent n'avoir conscience ni de leur dignité de citoyen, ni du fâcheux rôle qu'on leur fait jouer.

— Qui sont ceux-là ?

> — « Les enfants de saint Nicolas,
> « La garde mobile n' les aura pas ! »

— Ah! grand Dieu ! peut-être est-il désirable, en effet, que saint Nicolas les maintienne dans sa cuve et les débarbouille à loisir.

Et ces autres ? Ils sont là quatre à cinq cents qui s'avancent, une quenouille en l'air, en guise de drapeau, et des fuseaux à la main, en guise de fusils.

La tradition veut que l'honorable M. Cobden, d'illustre et pacifique mémoire, se soit plaint jadis de ce que l'on donnait comme jouets à nos petits garçons français des tambours et des sabres. Cela excitait inutilement, d'après lui, leur fibre guerrière, et il conseillait très instamment et très sérieusement, qu'on les habituât à d'autres « joujoux. » M. Cobden, toutefois, n'allait pas précisément jusqu'à demander qu'on leur donnât des fuseaux et des quenouilles. Il appartenait à la jeunesse bordelaise de se faire à elle-même de pareils cadeaux.

Enfin, « voici venir ces beaux fils » qui portent à leur boutonnière, en guise de décoration, une carotte d'heureuse venue. Ils s'en vont, aux allées de Tourny, sous la statue de Napoléon III, fredonner plaisamment : « *L'Empire c'est la paix*, oui ! carotte, carotte ! »

Et tous, les enfants de saint Nicolas, les chevaliers de la quenouille et les chevaliers de la carotte, s'attaquant au bronze impassible, le lapident, aux seuls cris patriotiques qu'ils aient retenus et qu'ils comprennent désormais : « *Ohé ! Lambert ! Ohé ! les petits agneaux !* »

Tout cela n'est-il pas profondément affligeant, et les cœurs, un peu haut placés, n'ont-ils rien à dire devant un pareil spectacle ?

VI

L'injure de l'empereur et l'injure de la france.

Que l'Empereur Napoléon, à l'encontre de Théodose le Grand, ne se soit pas senti blessé personnellement des blessures faites à sa statue, c'est son affaire et non la nôtre.

Mais la France, encore une fois ! Il n'en saurait être de même de la France tout entière, atteinte dans sa dignité et diminuée par de tels faits dans l'estime du monde.

VII

Tactique des partis. — Dieu, homme ou ogre. — Chauvinisme et pelletanisme. — Le roman de cap et d'épée. — Le roman de l'aiguille et du café au lait

Car, enfin, il serait grand temps, croyons-nous, de remonter aux véritables et seules causes de ces tristesses nationales, et d'y chercher autre chose qu'un mot d'ordre venu de Londres ou de Paris. Outre ces mots d'ordre passagers, il y en a de permanents, et d'autant plus dangereux qu'ils sont répétés, transmis et imposés à la longue par les meilleurs et les plus honnêtes gens du monde. Ce sont ces mots d'ordres là qu'il faut, à la fin, étudier dans leur origine et dans leur conséquences.

Que se passe-t-il sous nos yeux, depuis cinq à six ans, et sans que nous y prenions garde?

Par une sorte de volte-face unanime, on s'est mis à faire le procès rétrospectif de Napoléon Ier. Les poètes qui l'exaltaient, il y a trente ans, sont les premiers à renier sa gloire; les hommes d'État, qui nous vantaient son lumineux génie, l'accusent aujourd'hui d'aveuglement et d'ignorance; ils en avaient fait un ogre sous la Restauration, un dieu sous Louis-Philippe, ils en font moins qu'un homme sous Napoléon III!

Sans doute, il ne faut voir là, avant tout, que la tactique habituelle aux partis. Mais, au moins, sous la Restauration et la monarchie de Juillet, la propagande qui se faisait dans nos villes et nos campagnes au moyen du *Mémorial de Sainte-Hélène*, des *Mémoires de Marco Saint-Hilaire* et de tant d'autres, cette propagande, si elle diminuait le gouvernement existant, grandissait la France, et il n'y avait que demi-mal. On exaltait son patriotisme, on lui rappelait ses anciens triomphes, on la reportait par le souvenir sur tous les champs de bataille qu'elle avait parcourus, et on ne craignait pas de lui rappeler que l'Europe entière lui avait appartenu par droit de conquêtes et par droit de bienfaits. En un mot, on était chauvin et on en était fier.

Aujourd'hui, c'est tout le contraire.

A la tribune, la même Opposition qui reprochait na-

guère avec tant de hauteur, à **M.** Guizot, d'avoir prononcé ces malheureuses paroles : « Il faut que la France
« se résigne à n'être plus que la première des puissances
« de second ordre; » la même Opposition, s'adressant à la
majorité, lui crie : « Ne riez pas, messieurs, on vous en
« tendrait par delà l'Océan! et je vous conseille, dans votre
« intérêt, de ne pas indisposer la grande République! »
A la tribune, la même Opposition qui mettait le roi
Louis-Philippe en accusation devant le pays et devant l'histoire, pour l'indemnité Pritchard et son amour de la
paix à tout prix, la même Opposition demande au gouvernement impérial de désarmer devant l'Europe menacée, et s'élève à grands cris contre ce qu'elle appelle le
militarisme.

Dans la presse, dans le roman, c'est bien pis.

Les journaux, en général, condamnent le principe des
armées permanentes. Ils demandent, en attendant, qu'on
adopte pour l'armée française les errements de l'armée
des États-Unis. Discipline, durée du service, célibat,
obéissance passive, ils critiquent tout, examinent tout,
anathématisent tout au nom de la morale et des libres
droits du citoyen.

Au bas de leurs colonnes ne figurent plus ces feuilletons
de cap et d'épée qui, depuis la Calprenède jusqu'à
Alexandre Dumas, ont fait la joie de nos pères, à commencer par le grand Corneille pour finir par le maréchal
Bugeaud. Non, on y lit : « *Le Conscrit de* 1813, *les Mémoires d'un Bourgeois en* 1814, *l'Histoire d'un Paysan,*»
tous récits que l'on décore du beau titre de « Romans nationaux, » que l'on vante aux lecteurs, que l'on édite à
bon marché et que l'on sème à profusion à travers l'atelier
et la chaumière.

Que disent donc ces récits prétendus nationaux et qu'apprennent-ils à nos populations ? Ils leur apprennent que patrie, honneur militaire, frontières territoriales ne sont que des mots à l'usage des rois et des empereurs pour duper le pauvre peuple, et que somme toute un ouvrier tailleur, un fin laboureur ou un notable épicier, quand on les enlève à leur établi, à leur champ ou à leur boutique, pour faire face aux ennemis du pays, sont les victimes de la plus exécrable des tyrannies. Ne parlez pas aux doux héros de ces piteuses Iliades du prestige de la France, de ses traditions belliqueuses, de sa gloire séculaire, de son rôle dans le monde, ils vous répondraient d'une voix traînante qu'il vaut mieux coudre que découdre et qu'une aiguille est moins lourde qu'un fusil. Ne leur criez pas : « Debout ! levez-vous tous ! Le sol de la patrie est foulé par l'étranger ! » Ils vous feraient observer, avec leur sourire le plus placide, que : « Ces étrangers, au fond, sont de bien bonnes gens ; et, pour eux, ils n'aiment à se lever le matin qu'à l'heure du café au lait ! »

VIII

NÉCESSITÉ D'UNE RÉACTION

Et l'on s'étonne qu'à la longue, ces doctrines incessamment prêchées aient porté leurs fruits! Il est bien plus étonnant qu'elles n'aient pas encore fait plus de mal.

Mais ce qui vient de se passer doit servir de leçon. Il y a nécessité urgente de réagir contre l'espèce de relâchement qui menace de s'introduire dans nos mœurs publiques. Il ne s'agit plus là seulement de sauvegarder les intérêts d'un gouvernement, ou même d'une dynastie ; il s'agit de sauvegarder le génie même de notre nation dont on risque, en continuant de la sorte, de fausser le caractère et d'amollir le courage.

IX

CONCLUSION

Et pour cela que faut-il faire ?

Il faut que chacun fasse son devoir, et rien de plus.

A Bordeaux, à Toulouse, à Montauban, les émeutiers sont-ils les seuls qui aient manqué au leur ?

Les journaux républicains, légitimistes, orléanistes racontent à l'envi — et ne sont guère démentis sur ce point — que la magistrature a trié longuement, a trié sciemment parmi ceux que l'on avait arrêtés, et qu'elle n'a osé retenir que son gibier habituel de police correctionnelle et de cour d'assises.

Pourquoi ce triage ? Ces journaux ont raison. Puisqu'il avait plu à des fils de famille de faire choix de la compagnie d'escrocs et de souteneurs de filles publiques, il fallait les y laisser.

Qu'aura gagné la cause de l'ordre et de la loi à ces faiblesses et à ces indulgences de la justice ?

Qu'y aura gagné la cause du pays et de l'honneur national ? Le gouvernement de l'Empereur semble avoir voulu fermer systématiquement les yeux. Il fallait les ouvrir, et tout grands, et terribles ; prendre les noms, depuis le premier jusqu'au dernier, de ces jeunes gens qui fuyaient leur inscription sur les rôles de la Garde nationale mobile, en envoyer la liste à tous les départements, à tous les cantons, à toutes les mairies, et puis leur déclarer alors, à ces réfractaires, qu'en effet ils s'étaient rendus justice et que la France les biffait, comme indignes, du nombre de ses défenseurs.

Napoléon Ier disait : « Un gouvernement qui ne sait pas se décider et punir à propos, n'est que la moitié d'un gouvernement. » Et Henri Heine, l'oiseau moqueur, après avoir fait l'application de ces mots du grand César aux débonnairetés de la Monarchie de Juillet, lui donnait en riant pour armes parlantes « une boîte de jujube. »

S'il vivait, peut-être à cette heure, raillant l'incertitude qui se trahit et dans nos lois de guerre et dans nos lois de liberté, donnerait-il pour armes parlantes au second empire « les joujoux de M. Cobden. »

9 782011 775702